الغريب

ضجة البقرة

Arabic

مارسي شاف

THE CURIOUS
COW COMMOTION

Arabic   Marcy Schaaf

Dedication:

To Jessy and Jurnee,
the real-life stars of our story,

Your curiosity and sense of adventure have brought joy to our hearts and inspired the tale of "The Curious Cow Commotion." May your days be filled with laughter, love, and many more unforgettable adventures. Thank you for sharing your wonderful moment with us.

إخلاص:

إلى جيسي وجورني،
النجوم الحقيقيون في قصتنا،

لقد أدخل فضولك وإحساسك بالمغامرة البهجة إلى قلوبنا وألهم
قصة "ضجة البقرة الغريبة". أتمنى أن تكون أيامك مليئة
بالضحك والحب والعديد من المغامرات التي لا تنسى. شكرا
لتقاسم لحظتك الرائعة معنا.

Once upon a time,
in a cozy little town,
there lived a neighbor named
Mrs. Jenkins.
She had a secret that would
soon be found.

ذات مرة، في بلدة صغيرة مريحة، عاشت جارة تدعى السيدة جينكينز.
كان لديها سر سيتم اكتشافه قريبًا.

Mrs. Jenkins, you see,
was quite a curious soul.
She loved to explore and
had quite the adventurous
goal.

كما ترى، كانت السيدة جنكينز تتمتع بروح فضولية للغاية. لقد أحبت الاستكشاف وكان لديها هدف المغامرة تمامًا.

One sunny morning, she
spotted a sight so rare.
Cows in her neighbor's
yard, grazing without a
care!

في صباح أحد الأيام المشمسة، رأت مشهدًا نادرًا جدًا. بقرة في ساحة جارتها ترعى بلا رعاية!

To warn her neighbors of this
curious delight,
Mrs. Jenkins picked up rocks,
with all her might.

ولتحذير جيرانها من
هذه البهجة الغريبة،
التقطت السيدة جنكينز
الصخور بكل قوتها.

She aimed for their window,
hoping they would see,
but with a loud crash,
she hit the sprinkler key.

استهدفت نافذتهم، على أمل أن يروا، ولكن مع اصطدام قوي، ضربت مفتاح الزش.

The water sprayed high,
a fountain of spray,
and in the midst of the chaos,
the cows began to sway.

تناثرت المياه عاليا،
فنشأت ينبوع رذاذ، وفي
وسط الفوضى بدأت
الأبقار تتمايل.

Splish, splash, they danced,
twirling around.
The cows turned the lawn into a wet,
muddy playground.

سبليش، سبلاش، رقصوا، ودوروا.
حولت الأبقار العشب إلى ملعب رطب موحل.

Mrs. Jenkins panicked,
she needed help fast!
She waved her arms wildly,
hoping her neighbors would be
aghast.

أُصيبت السيدة جينكينز بالذعر، وكانت بحاجة إلى المساعدة بسرعة! ولوّحت بذراعيها بعنف، على أمل أن يشعر جيرانها بالذعر.

Finally, they saw her and rushed to the scene. Their faces turned from shock to curious and keen.

وأخيرا، رأوها وهرعوا إلى مكان الحادث. تحولت وجوههم من الصدمة إلى الفضول والحرص.

"Oh my goodness!" they said,
"Look at this display!"
The cows and the sprinkler turned
this into a special day.

"يا إلهي!" فقالوا: انظر إلى هذا الغرض! حوّلت الأبقار والرشاش هذا إلى يوم خاص.

They all laughed and played in the water's cool embrace.
Mrs. Jenkins had indeed gotten their attention in this wild chase.

ضحكوا جميعًا ولعبوا في أحضان الماء البارد. لقد لفتت السيدة جينكينز انتباههم بالفعل في هذه المطاردة الجامحة.

Together, they herded the cows
back to their farm,
thanking Mrs. Jenkins for keeping
them from harm.

قاموا معًا بتوجيه الأبقار إلى مزرعتهم، وشكروا السيدة جنكينز لحمايتهم من الأذى.

The cows waved their tails, saying goodbye with glee. Mrs. Jenkins was the hero of the day, as far as the eye could see.

ولوحت الأبقار بذيولها قائلة وداعا بسعادة. كانت السيدة جنكينز هي بطلة اليوم، على مد البصر.

From that day forward,
Mrs. Jenkins was known,
as the lady who saved the
day, now with a cow of
her own.

منذ ذلك اليوم فصاعدًا، عُرفت السيدة جينكينز بأنها السيدة التي أنقذت الموقف، والتي تمتلك الآن بقرة خاصة بها.

So remember, dear children,
when you see a cow in sight,
be curious like Mrs. Jenkins,
and everything will turn out
just right!

لذا تذكروا، يا أطفالي الأعزاء، عندما ترون بقرة في الأفق، كونوا فضوليين مثل السيدة جينكينز، وسيكون كل شيء على ما يرام!

The End!

The actual cow !!!

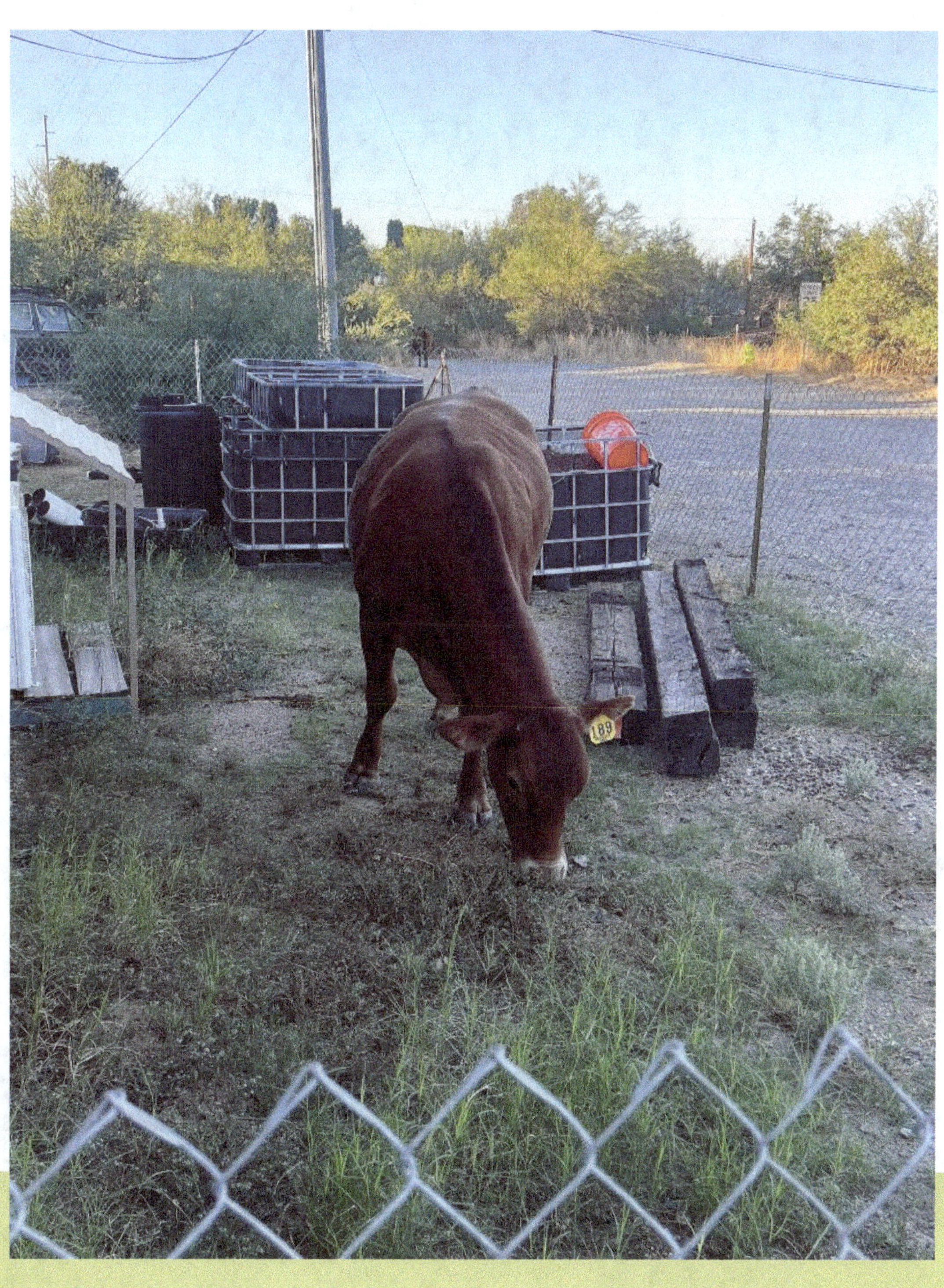

النهاية!

البقرة الحقيقية !!!

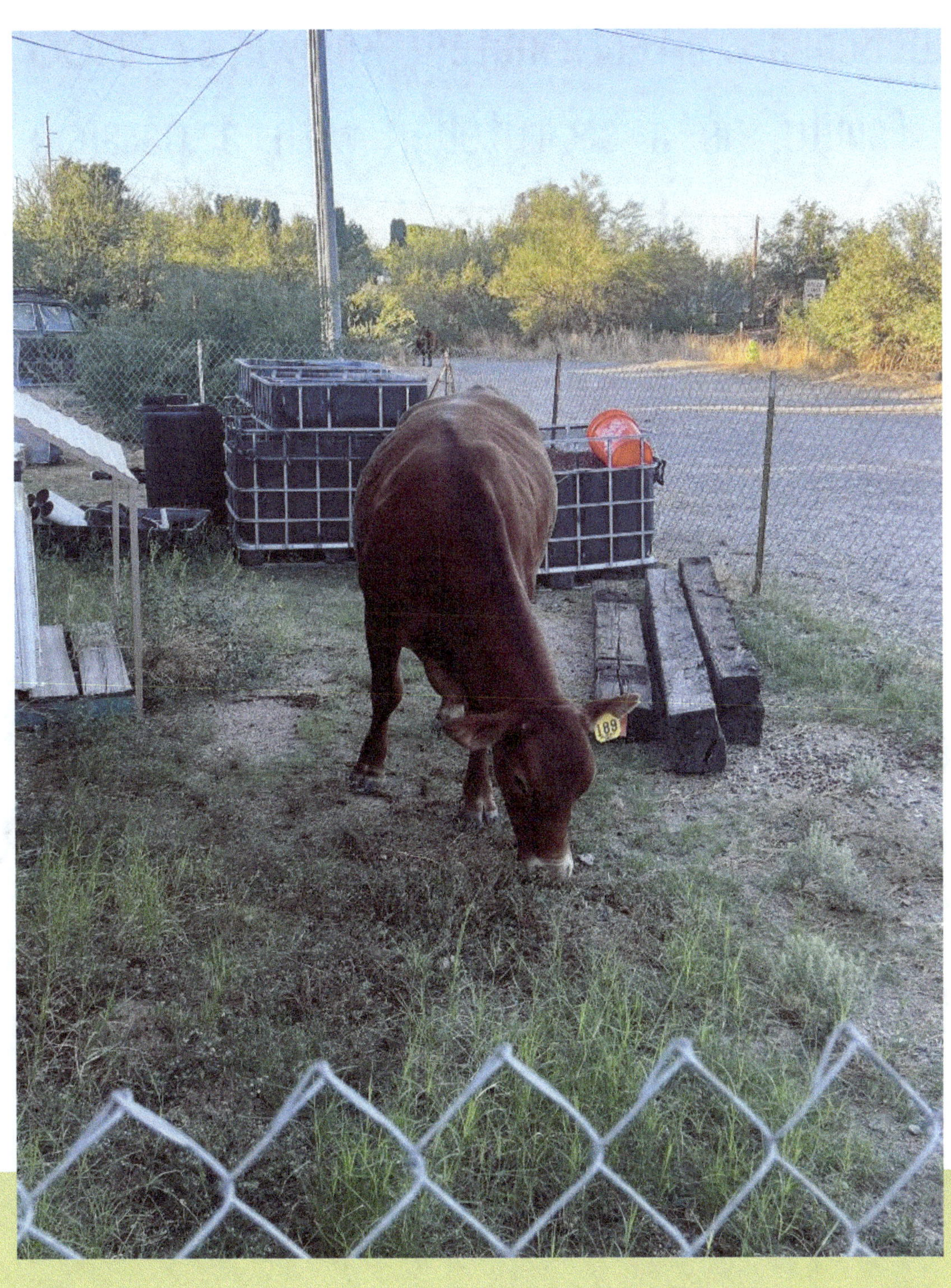

البقرة الحقيقية !!!

Author Bio:

Marcy Schaaf, affectionately known as "Moo" by her family, is a storyteller with a passion for weaving imaginative tales that enchant young hearts. Marcy finds joy in crafting stories that spark young minds' curiosity and ignite their sense of wonder. When she's not writing charming stories or being called "Moo" by her family, Marcy enjoys exploring and often spends her time traveling the world looking for her next tale. Her hope is that her stories will bring smiles, laughter, and a touch of magic to children all around the world.

السيرة الذاتية للمؤلف:

مارسي شاف، المعروفة باسم "مو" من قبل عائلتها، هي راوية قصص شغوفة بنسج الحكايات الخيالية التي تسحر قلوب الشباب. تجد مارسي المتعة في صياغة القصص التي تثير فضول العقول الشابة وتشعل إحساسهم بالدهشة. عندما لا تكتب قصصًا ساحرة أو تطلق عليها عائلتها لقب "Moo"، تستمتع مارسي بالاستكشاف وغالبًا ما تقضي وقتها في السفر حول العالم بحثًا عن حكايتها التالية. أملها هو أن تجلب قصصها البسمة والضحك ولمسة من السحر للأطفال في جميع أنحاء العالم.